JENS SCHUMACHER

VERRÜCKTE LÜCKEN

AUSFÜLLEN – VORLESEN – ABLACHEN

GESCHICHTEN VOM VERRÜCKTEN PROFESSOR

Loewe

VERRÜCKTE LÜCKEN

ist ein durchgedrehtes, ganz und gar unsinniges Textspiel, das man allein oder mit Freunden spielen kann. Die Regeln sind kinderleicht.

SPIELREGELN

Zu Beginn füllst du die Seite WORTVORRAT (vor jeder **VERRÜCKTE LÜCKEN**-Geschichte) aus. Diese Liste sieht immer etwas anders aus.

In jede Zeile setzt du ein Wort der gesuchten Gattung ein.

WICHTIG: Du darfst dir die **VERRÜCKTE LÜCKEN**-Geschichte auf der folgenden Seite noch NICHT ansehen!

Zur Erinnerung:

Ein Verb (auch „Tuwort")

Meistens ist die Grundform gefordert,
z. B. „rennen", „essen" oder „schwimmen".

Wird das Verb in einer bestimmten Person benötigt, musst du es anpassen, z. B. ER, SIE oder ES „rennt" oder „schwimmt".

TIPP: Verben, die eine konkrete Tätigkeit beschreiben, z. B. „rufen" oder „fliegen", funktionieren am besten. Verben wie „sein" oder „haben" oder zusammengesetzte Verben wie z. B. „anspringen" oder „zurückblicken" führen dazu, dass der Text sich später ein bisschen holprig liest.

Ein Nomen (auch „Hauptwort" oder „Namenwort")

bezeichnet **NAMEN, LEBEWESEN, DINGE** oder **EREIGNISSE** (z. B. „Haus" oder „Fisch").

Damit die Wörter besser in den Text passen, ist manchmal vorgegeben, ob es **DER, DIE** oder **DAS** sein soll.

Meistens ist die **EINZAHL** gefordert, manchmal auch die **MEHRZAHL** (z. B. „Häuser" oder „Fische").

Ein Adjektiv (auch „Wiewort")

beschreibt, **WIE** jemand oder etwas ist, z. B. „bunt" oder „dumm".

Alle anderen Wörter erklären sich von selbst (z. B. Körperteil oder Farbe).

Sollte ein **LAND** gefragt sein, wähle eines ohne Artikel, z. B. „Deutschland" oder „Indien". (Die Schweiz, die **USA** oder die Türkei scheiden leider aus.)

Hast du alle Felder ausgefüllt, sieht dein WORTVORRAT z. B. so aus:

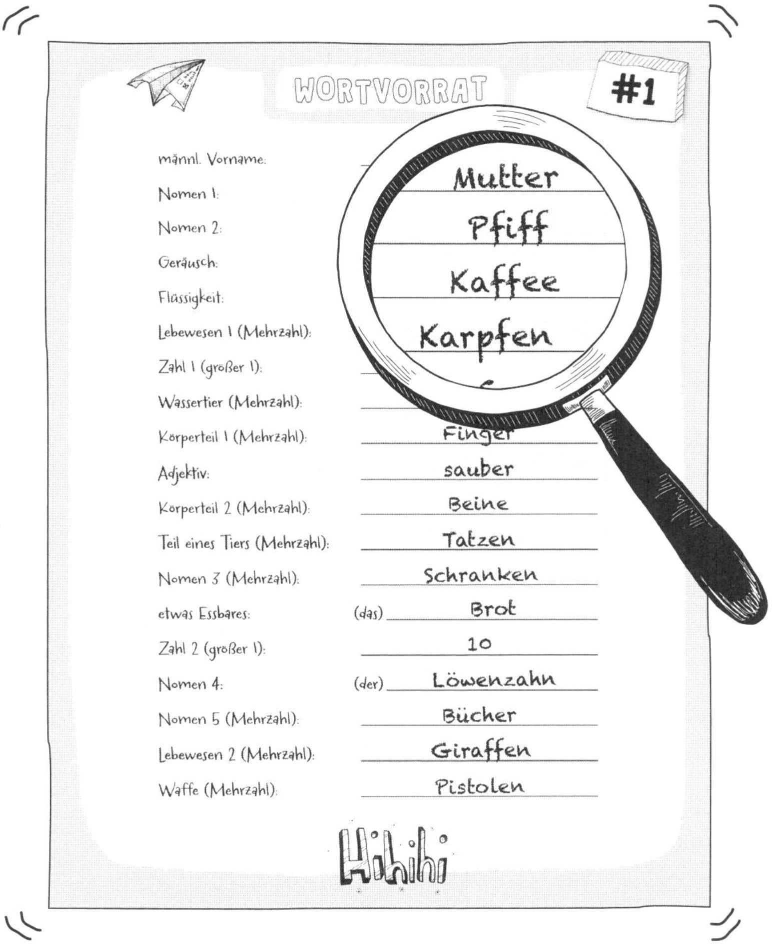

Jetzt darfst du umblättern und beginnen, die **VERRÜCKTE LÜCKEN**-Geschichte zu lesen.

Schritt 2

#1

DIE GESCHICHTE UNSERER WELT

Lehrer: Dieter (männl. Vorname), wiederhole bitte, was wir in der letzten Stunde darüber gelernt haben, wie das Riesenrad (Nomen 1) auf unserer Mutter (Nomen 2) entstand und wie es sich entwickelte.

Hihihi

Schüler: Am Anfang, kurz nach dem Ur-Pfiff (Geräusch), gab es erst mal gar nix. Irgendwann bildeten sich im Kaffee (Flüssigkeit) die ersten Karpfen (Lebewesen 1). Im Verlauf von etwa 5 (Zahl 1) Jahren wurden aus ihnen Wale (Wassertier), noch etwas später wuchsen ihnen dann Finger (Körperteil 1) und sie krabbelten an Land.

Lehrer: Bis jetzt ganz sauber (Adjektiv). Weiter!

Schüler: Die ersten Landbewohner waren Reptilien. Manche hatten lange Beine (Körperteil 2), andere besaßen Tatzen (Teil eines Tiers) und segelten damit durch die Luft. Es gab welche, die fraßen nur Schranken (Nomen 3), andere ernährten sich von Brot (etwas Essbares). Die größten Dinosaurier konnten 10 (Zahl 2) Meter lang werden! Aus einem unbekannten Grund starben sie irgendwann aus. Manche vermuten, ein Löwenzahn (Nomen 4), der vom Himmel auf die Erde fiel, sei dafür verantwortlich gewesen. Säugetiere übernahmen die Herrschaft, die Urahnen vieler heutiger Bücher (Nomen 5) und auch des Menschen entwickelten sich: zottige Affen-Giraffen (Lebewesen 2), die schwere Stein-Pistolen (Waffe) schwangen.

Lehrer: Und was wurde aus diesen Frühmenschen, nachdem sie ihren Pelz abgelegt hatten?

Schüler: Äh … Lehrer?

Lol

Stößt du auf eine Lücke, fügst du an der Stelle das geforderte Wort aus dem WORTVORRAT ein. So entsteht deine ganz persönliche, abgedrehte und in vielen Fällen total unsinnige VERRÜCKTE LÜCKEN-Geschichte.

Spielst du **VERRÜCKTE LÜCKEN** mit deinen Freunden, bitte jeden Mitspieler um ein Wort für den WORTVORRAT – so lange, bis die Liste voll ist.

Ein Mitspieler wird zum Vorleser ernannt, der eure **VERRÜCKTE LÜCKEN**-Geschichte vorliest, indem er die zusammengetragenen Wörter an den jeweiligen Stellen einsetzt.

Wichtig: Sollte es einmal vorkommen, dass ein Satz in einem ausgefüllten Lückentext ein bisschen holprig klingt, z. B. weil die Endung eines Nomens oder ein Verb nicht 100%ig in die Satzstruktur passen, kann es dafür zwei Gründe geben:

a) Du hast ein superungewöhnliches, total krankes Wort gewählt, das wir beim Ausdenken des Lückentexts unmöglich vorhersehen konnten.

b) Obwohl wir alles unternommen haben, sie ein bisschen zu zähmen, verhindert die knifflige deutsche Grammatik hier das reibungslose Funktionieren des Satzes.

So oder so, es ist nicht weiter schlimm. Wir sind hier nicht in der Schule und **VERRÜCKTE LÜCKEN** sollen vor allem eins:

SPAß MACHEN!

Und los geht's!

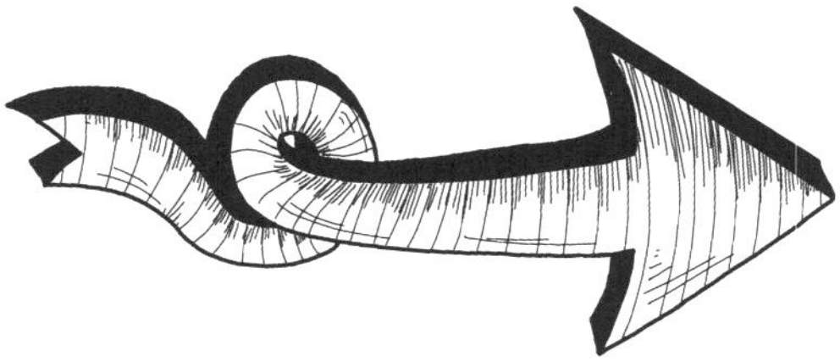

WORTVORRAT

#1

Adjektiv 1:	______________________
etwas zum Trinken:	(der) ______________________
Nomen 1:	(der o. das) ______________________
Ausruf:	______________________
Verb 1:	______________________
Körperteil 1:	(die) ______________________
Gefühl:	______________________
männl. Vorname:	______________________
Tier:	(der) ______________________
Körperteil 2 (Mehrzahl):	______________________
Adjektiv 2:	______________________
Körperteil 3 (Mehrzahl):	______________________
Verb 2:	______________________
Körperteil 4:	(der) ______________________
Nomen 2:	______________________
Geräusch:	(der o. das) ______________________
Möbelstück:	(das) ______________________
Nomen 3:	(der) ______________________

#1

DER SELBSTVERSUCH

Wie lange hatte ich darauf gewartet! Endlich war er ____________ (Adjektiv 1) – der ____________ (etwas z. Trinken), der mich zum mächtigsten ____________ (Nomen 1) der Welt machen würde! ____________ (Ausruf)! Es gab nur ein klitzekleines Problem: Ich musste meine Erfindung noch ____________ (Verb 1) …

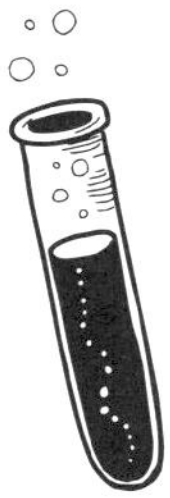

Ich starrte das Reagenzglas in meiner ____________ (Körperteil 1) an und verspürte einen Anflug von ____________ (Gefühl). Ich bedauerte, dass ____________ (männl. Vorname), mein treuer Laborgehilfe, nicht mehr da war, um mir diese Aufgabe abzunehmen. Er hatte sich kürzlich beim ____________ (Verb 1, s. o.) einer anderen Erfindung in einen ____________ (Tier) verwandelt. Es war mir noch nicht gelungen, ihm seine alte Gestalt zurückzugeben.

Zögernd hob ich das Glas an die ____________ (Körperteil 2) und leerte es in einem Zug. Sofort wurde mir heiß und ____________ (Adjektiv 2), meine ____________ (Körperteil 3) begannen zu zittern. Dann sagte jemand: „Hallo!“

Ich drehte den Kopf – und musste laut ____________ (Verb 2). Aus meiner Schulter war ein zweiter ____________ (Körperteil 4) gewachsen!

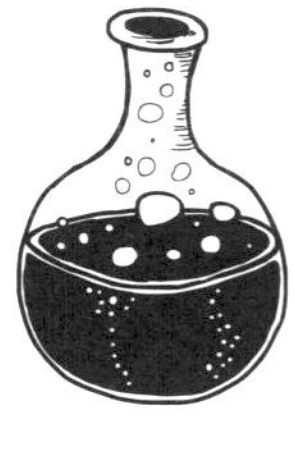

„Hallo“, sagte der ____________ (Körperteil 4, s. o.) erneut. „Wir zwei werden sicher viel ____________ (Nomen 2) miteinander haben.“

Mit einem lauten ____________ (Geräusch) erwachte ich. Ich lag auf meinem ____________ (Möbelstück) – alles war nur ein grässlicher ____________ (Nomen 3) gewesen!

WORTVORRAT

#2

Verb 1: ______________________

Nachname: ______________________

Behälter: (der) ______________________

Farbe: ______________________

Adjektiv: ______________________

Verb 2: (er/sie/es) ______________________

Körperteil (Mehrzahl): ______________________

Gerät: (der o. das) ______________________

Tier: (der o. das) ______________________

Ausruf: ______________________

Gebäude: (das) ______________________

Nomen: (die) ______________________

Land: ______________________

#2

EINE GLIBBERIGE ANGELEGENHEIT

Reporter: Ist es Ihnen wirklich gelungen, künstliches Leben zu ____________ (Verb 1),

Professor ____________ (Nachname)? Wo ist es?

Professor: Jawohl! Es ist dort, in dem großen ____________ (Behälter)!

Reporter: Ein Haufen Schleim von grellem ____________ (Farbe).

Nicht gerade ____________ (Adjektiv) …

Professor: Schauen Sie genauer hin!

Reporter: Aber … das Zeug ____________ (Verb 2) ja!

Es pulsiert und streckt kleine ____________ (Körperteil) aus!

Professor: *(kichert)* Allerdings! Und nun sehen Sie, was es tut,

wenn ich es mit diesem elektromagnetischen ____________ (Gerät) bearbeite!

(Er drückt einen Knopf. Es beginnt zu summen.)

Reporter: Das Ding dehnt sich aus! Es ist schon so groß wie ein ____________ (Tier)!

Professor: *(lacht irre)* Fantastisch, oder?

Reporter: Aber … der ____________ (Behälter, s. o.) platzt. Schalten Sie ab!

Professor: Zu spät! Das Biest stößt schon an die Decke. Raus hier!

Reporter: ____________ (Ausruf)! Das ____________ (Gebäude) stürzt ein! Die Masse glibbert

ins Freie – direkt auf die ____________ (Nomen) zu! So tun Sie doch etwas, Professor!

Professor: Oh, das werde ich. Ich wandere nach ____________ (Land) aus.

Auf Nimmerwiedersehen!

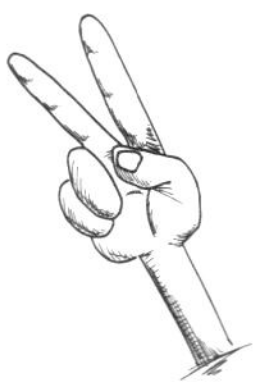

WORTVORRAT

#3

etwas zum Trinken:	(der)	________________
Beruf (Mehrzahl):		________________
Adjektiv:		________________
Tier 1 (Mehrzahl):		________________
Material:	(das)	________________
Körperteil 1:	(der o. das)	________________
Tier 2:	(der o. das)	________________
Verkehrsmittel:	(der o. das)	________________
Verb 1:		________________
Verb 2:		________________
Körperteil 2:	(der)	________________
Verb 3:		________________
öffentliches Gebäude:	(das)	________________
Nomen:	(der)	________________

#3

EIN (WUNDER-)MITTEL FÜR ALLE FÄLLE

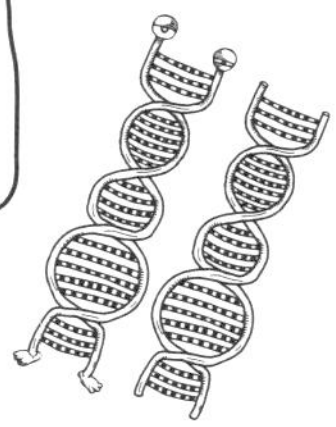

Jeder anständige verrückte Professor möchte einmal im Leben einen

____________________ (etwas z. Trinken) erfinden, der besondere Fähigkeiten verleiht.

Hier kommen die größten Wünsche der wahnsinnigen ________________ (Beruf):

1) Superkräfte: Ein Schluck von diesem ______________________ (etwas z. Trinken, s. o.),

und du wirst __________________ (Adjektiv) wie zehn ________________ (Tier 1).

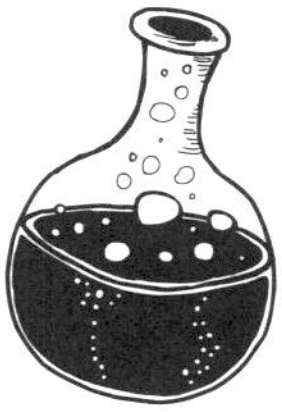

Dickes __________________ (Material) biegst du mit bloßen Händen,

Mauern drückst du mühelos mit dem _________________ (Körperteil 1) ein.

2) Fliegen: Eine Portion hiervon lässt dich sanft durch die Luft schweben wie

ein _________________ (Tier 2) – oder blitzschnell am Himmel dahinschießen wie

ein ______________________ (Verkehrsmittel).

3) Telepathie: Mit diesem ____________________ (etwas z. Trinken, s. o.) kannst du die Gedanken

anderer Menschen _________________ (Verb 1) oder – noch besser – ihnen befehlen,

was sie _________________ (Verb 2) sollen. Und das alles, ohne auch nur den

_________________ (Körperteil 2) zu öffnen!

4) Unsichtbarkeit: Ein Tröpfchen von diesem Wundermittel, und niemand

kann dich mehr _________________ (Verb 3). So kannst du dich z. B. unbemerkt

ins ____________________ (öffentl. Gebäude) schleichen und dir einen __________________ (Nomen)

anschauen, ohne dafür zu bezahlen.

WORTVORRAT

#4

Kosename: ____________________

weiblicher Vorname: ____________________

Verb: ____________________

Teil eines Tiers (Mehrzahl): ____________________

elektrisches Gerät: (der) ____________________

Abkürzung: ____________________

Nomen 1: (der) ____________________

Nomen 2: (die) ____________________

Zeiteinheit (Mehrzahl): ____________________

Gefühl: ____________________

Körperteil: (der o. das) ____________________

Nomen 3: (der) ____________________

Geräusch: (das) ____________________

Hunderasse: (der) ____________________

Nomen 4: (der o. das) ____________________

Zahl (größer 4): ____________________

#4

DUMM GELAUFEN!

Vorige Woche starb unerwartet ____________ (Kosename), der kleine Hund meiner Tante ____________ (weibl. Vorname). Die Ärmste war am Boden zerstört. Mir war klar: Ich musste etwas ____________ (Verb)! Ich bat sie um ein Halsband, an dem noch einige ____________ (Teil eines Tiers) hingen. Die nahm ich mit in mein Labor, wo ich sie in den Analyse-____________ (elektr. Gerät) legte. Der errechnete die ____________ (Abkürzung), also den genetischen ____________ (Nomen 1)

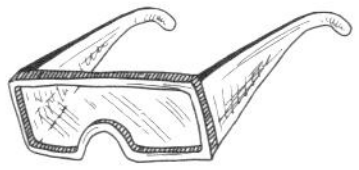

des Hundes. Jetzt musste ich nur noch eine ____________ (Nomen 2) konstruieren, die ____________ (Kosename, s. o.) aus diesen Daten klonen konnte.

Drei ____________ (Zeiteinheit) später war ich fertig. Vor lauter ____________ (Gefühl) zitterte mein ____________ (Körperteil), als ich den START-Knopf drückte …

Ein greller ____________ (Nomen 3) erhellte das Labor. Dann ertönte aus dem Innern der ____________ (Nomen 2, s. o.) ein leises ____________ (Geräusch). Ich öffnete die Klappe – und heraus hüpfte ein ____________ (Hunderasse), der ____________ (Kosename, s. o.) ähnelte wie ein ____________ (Nomen 4) dem anderen. Es hatte geklappt! Ich wollte gerade meine Tante anrufen, da sprang ein zweiter ____________ (Hunderasse, s. o.) ins Freie, dann ein dritter, ein vierter … Rasch kontrollierte ich den ____________ (elektr. Gerät, s. o.) – und erschrak: Statt einer Eins hatte ich bei „Menge“ ____________ (Zahl) eingegeben!

Ob Tante ____________ (weibl. Vorname, s. o.) sich *darüber* freuen würde?

!?

WORTVORRAT

#5

männlicher Vorname 1:	____________
Adjektiv:	____________
Zeiteinheit (Mehrzahl):	____________
elektrisches Gerät:	(der) ____________
männlicher Vorname 2:	____________
Gefäß (Mehrzahl):	____________
Nomen 1:	(der o. das) ____________
Verb:	____________
Ausruf:	____________
Körperteil:	(der) ____________
etwas zum Essen:	____________
Nomen 2:	(der o. das) ____________
Insekt 1:	(die) ____________
Haustier:	(der o. das) ____________
Insekt 2 (Mehrzahl):	____________
etwas Leckeres:	(der) ____________

VERRÜCKT!

#5

BESUCH IM LABOR

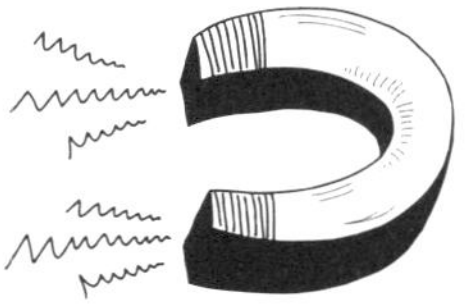

Mutter: Hallooo, ____________________ ! Bist du im Keller?
männl. Vorname 1

Sohn: Ja, Mom. Aber der Zeitpunkt ist gerade nicht so __________________ …
Adjektiv

Mutter: Ach was! Seit ____________________ hockst du jetzt schon dort unten.
Zeiteinheit

Ich will endlich wissen, was du da machst! *(steigt die Treppe hinunter)* Aber – das ist ja

ein richtiges Labor! Da ist Papas alter ____________________ , das Mikroskop
elektr. Gerät

von Opa ____________________ , Reagenz-________________ …
männl. Vorname 2 Gefäß

Sohn: Mom! Ich arbeite gerade an einem komplizierten __________________
Nomen 1

und wäre dir dankbar, wenn du mich jetzt nicht ________________ würdest.
Verb

Mutter: Was sind das für Pflanzen, Junge? __________________ !
Ausruf

Eine davon hat mich in den ____________________ gebissen!
Körperteil

Sohn: Das sind ____________________-fressende Pflanzen. Ich habe sie selbst gezüchtet.
etwas zum Essen

Mutter: Und das da in dem gläsernen ____________________ ? Du lieber Gott –
Nomen 2

das ist ja eine __________________ , groß wie ein __________________ !
Insekt 1 Haustier

Sohn: Auch eine Züchtung von mir. Genau wie meine ferngesteuerten ______________
Insekt 2

dort. Aber was wolltest du eigentlich von mir, Mom?

Mutter: Dir einen selbst gemachten ____________________ bringen …
etwas Leckeres

falls du so etwas noch magst?

Sohn: Aber ja, Mom. *So* etwas Gutes kann nicht mal ich erfinden!

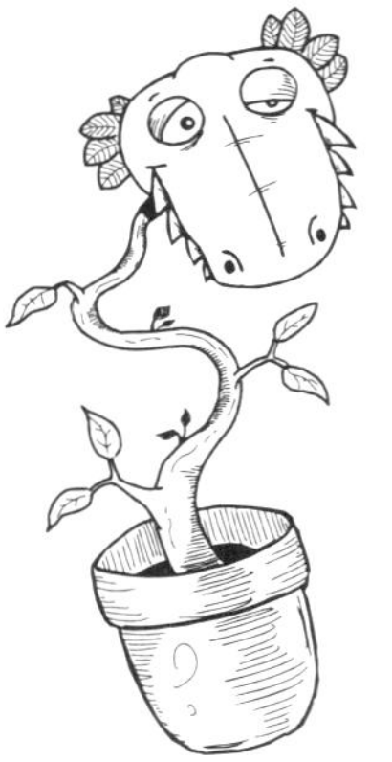

WORTVORRAT

#6

Verb 1: ______________________

Schulfach: ______________________

Adjektiv: ______________________

Nomen 1: (die) ______________________

Verb 2: ______________________

Verwandte (Mehrzahl): ______________________

Nomen 2: (die) ______________________

Teil eines Hauses: (der o. das) ______________________

Nomen 3 (Mehrzahl): ______________________

Flüssigkeit: ______________________

Verb 3: ______________________

Nomen 4 (Mehrzahl): ______________________

#6 WORAN MAN EINEN VERRÜCKTEN WISSENSCHAFTLER ERKENNT

Du liebst Experimente und wildes Drauflos-______________ (Verb 1)? Dein Lieblingsfach ist ______________ (Schulfach)? Die Leute schauen dich immer ganz ______________ (Adjektiv) an, wenn du erklärst, dass du eines Tages die ganze ______________ (Nomen 1) verändern wirst?

Dann bist du möglicherweise ein verrückter Wissenschaftler!

Beantworte folgende Fragen, um es herauszufinden:

1) Du sagst häufig Sätze wie: „Upps – das sollte eigentlich *nicht* ______________ (Verb 2)!"

☐ **JA** ☐ **NEIN**

2) Deine ______________ (Verwandte) sind längst daran gewöhnt, dass die Nachbarn die Feuer-______________ (Nomen 2) rufen, weil aus eurem ______________ (Teil e. Hauses) dicker schwarzer Rauch quillt?

☐ **JA** ☐ **NEIN**

3) Deine Haustiere apportieren nicht im Garten geworfene ______________ (Nomen 3), sie dümpeln in Reagenzgläsern vor sich hin, eingelegt in ______________ (Flüssigkeit)?

☐ **JA** ☐ **NEIN**

4) Dein manisches ______________ (Verb 3), wenn ein Experiment glückt, lässt kleine ______________ (Nomen 4) ängstlich zu ihren Mamas rennen?

☐ **JA** ☐ **NEIN**

Hast du alle Fragen mit JA beantwortet, bist du ein echt verrückter Wissenschaftler.

Nichts wie zurück ins Labor und weiter ______________ (Verb 1, s. o.)!

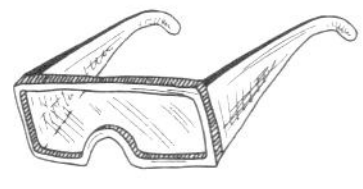

WORTVORRAT

#7

Beruf 1 (Mehrzahl): ______________________

Adjektiv 1: ______________________

Verb 1: ______________________

Land: ______________________

Beruf 2: (der) ______________________

Material: ______________________

Schulfach: ______________________

Nomen 1 (Mehrzahl): ______________________

Verb 2: ______________________

Nomen 2 (Mehrzahl): ______________________

Fortbewegungsmittel: (der) ______________________

Nomen 3: (der) ______________________

Verb 3: ______________________

Körperteil: (das) ______________________

Verb 4: ______________________

Nomen 4 (Mehrzahl): ______________________

Fahrzeug: (der) ______________________

Kleidungsstück: (die) ______________________

Adjektiv 2: ______________________

#7 BERÜHMTE ERFINDER & WISSENSCHAFTLER: LEONARDO DA VINCI

Manche ____________________ sind in Wirklichkeit gar nicht ____________________ ,
Beruf 1 Adjektiv 1
sondern bloß der Zeit, in der sie leben, ein paar Jahre voraus. Ihre

Mitmenschen ____________________ einfach nicht, was sie da treiben.
Verb 1
So erging es Leonardo da Vinci. Geboren vor fast 600 Jahren in __________________ ,
Land
betätigte er sich nicht nur als ____________________ oder erschuf prachtvolle Skulpturen
Beruf 2
aus ____________________ , er interessierte sich auch sehr für ____________________
Material Schulfach
und die Natur. So schnitt er u. a. tote ____________________ auf, um zu verstehen, wie
Nomen 1
sie im Innern ____________________ . Später begann er, geniale ____________________
Verb 2 Nomen 2
zu konstruieren, von denen noch nie jemand gehört hatte. Da Vinci erfand den ersten
flugfähigen ____________________ , einen funktionierenden Fall-____________________
Fortbewegungsmittel Nomen 3
und eine Ausrüstung, mit der man unter Wasser ____________________ konnte.
Verb 3
Er erforschte das menschliche __________________ und entwickelte eine Methode
Körperteil
zum ____________________ von Bildern. Für den Kriegsfall ließ er sich allerlei tödliche
Verb 4
____________________ einfallen, er entwarf den ersten ____________________ und
Nomen 4 Fahrzeug
sogar eine kugelsichere ____________________ . Leider verstand damals kaum jemand,
Kleidungsstück
wie ____________________ diese Erfindungen eigentlich waren. Darum hielten nicht
Adjektiv 2
wenige da Vinci schlicht für ____________________ . Armes Genie!
Adjektiv 1, s. o.

WORTVORRAT

#8

Zeiteinheit (Mehrzahl):		____________
Nachname:		____________
Nomen 1:	(der)	____________
Verb 1:		____________
Verb 2:		____________
Lebewesen 1:	(die)	____________
Verb 3:		____________
Ausruf:		____________
Körperteil 1:	(der)	____________
Lebewesen 2:	(der)	____________
Körperteil 2:	(die)	____________
Nomen 2:	(die)	____________
Fahrzeug:	(der o. das)	____________
Beruf:	(der)	____________
Gebäude:	(das)	____________
Nomen 3:	(die)	____________

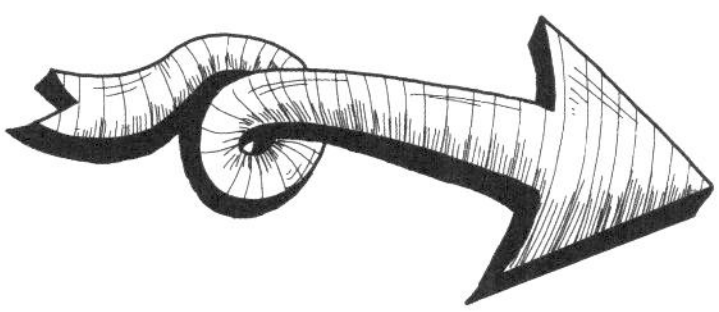

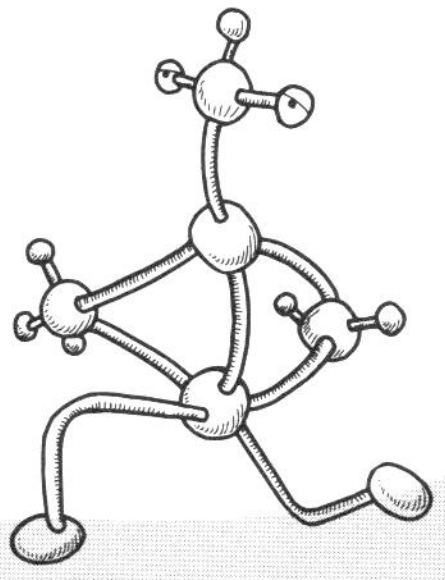

#8

DER UNSICHTBARE

Endlich! ____________________ (Zeiteinheit) harter Forschungsarbeit hatte es gekostet, doch nun war es Professor ____________________ (Nachname) gelungen, einen ____________________ (Nomen 1) zu konstruieren, mit dem man sich unsichtbar machen konnte. Ein Druck aufs Knöpfchen – *schwupp* – keiner konnte ihn mehr ____________________ (Verb 1) !

Natürlich wollte der Professor seine Erfindung gleich ____________________ (Verb 2) . Unsichtbar ging er zum Büro eines Kollegen. Die Tür war zu. Damit man sein Eintreten nicht bemerkte, wartete er, bis eine junge ____________________ (Lebewesen 1) sie öffnete. Unbemerkt wollte er hinter ihr hindurch-____________________ (Verb 3) … PENG! ____________________ (Ausruf) , tat das weh! Die ____________________ (Lebewesen 1, s. o.) hatte ihm die Tür voll gegen den ____________________ (Körperteil 1) geknallt – kein Wunder, sie konnte ihn ja nicht ____________________ (Verb 1, s. o.) .

Der Professor beschloss, sein Glück außerhalb des Hauses zu versuchen. RUMMS! „Hey! Können Sie denn nicht aufpassen?“, rief er dem ____________________ (Lebewesen 2) hinterher, der ihn aus vollem Lauf mit der ____________________ (Körperteil 2) angerempelt hatte.

Kopfschüttelnd überquerte der Professor die ____________________ (Nomen 2) .

BLAMM! Ein ____________________ (Fahrzeug) hatte den Wissenschaftler gerammt! Stöhnend lag er am Boden … doch kein ____________________ (Beruf) kam und kümmerte sich um ihn.

Fluchend drückte er das Knöpfchen am ____________________ (Nomen 1, s. o.) , sodass man ihn wieder ____________________ (Verb 1, s. o.) konnte. Während man ihn mit Blaulicht ins ____________________ (Gebäude) fuhr, fragte er sich, ob die ____________________ (Nomen 3) wirklich schon reif war für diese Erfindung.

WORTVORRAT

#9

Ausruf: ____________________

Nomen 1: (das) ____________________

Verb: ____________________

Nomen 2: (die) ____________________

Fortbewegungsmittel (Mehrzahl): ____________________

Adjektiv: ____________________

elektr. Gerät (Mehrzahl): ____________________

Süßigkeit (Mehrzahl): ____________________

etwas Leckeres: ____________________

Nomen 3: (die) ____________________

Nomen 4 (Mehrzahl): ____________________

Beleidigung: ____________________

#9

BESUCH AUS DER ZUKUNFT

Junge: ____________ (Ausruf) ! Was war das für ein grelles ____________ (Nomen 1) ?
Und … wo kommen *Sie* plötzlich her? Eben war die Straße noch leer!

Professor: Keine Angst, mein Junge! Ich komme aus der Zukunft.

Junge: Aus der Zukunft? Sie wollen mich wohl ____________ (Verb) ?

Professor: Keineswegs. Eigentlich lebe ich im Jahre 3019. Ich habe eine Zeit-____________ (Nomen 2) entwickelt, mit der ich nun die Vergangenheit erforsche.

Junge: Coole Sache! Wie ist es denn in der Zukunft? Haben die Kinder dort fliegende ____________ (Fortbewegungsmittel) ?

Professor: Nein. Das wäre im Straßenverkehr viel zu ____________ (Adjektiv) .

Junge: Schade. Und ____________ (elektr. Gerät) , mit denen man das Wetter fernsteuern kann?

Professor: Nichts dergleichen.

Junge: Pööh! Nicht mal Automaten, die auf Knopfdruck aus Luft ____________ (Süßigkeit) und ____________ (etwas Leckeres) herstellen?

Professor: Nein. Aber hör mal, Junge: Meiner Zeit-____________ (Nomen 2, s. o.) ist die ____________ (Nomen 3) ausgegangen. Um nach Hause zu kommen, bräuchte ich ein paar frische Atom-____________ (Nomen 4) . Kannst du mir sagen, wo ich welche bekomme?

Junge: Was für Dinger? Nee, so was gibt's hier nicht.

Professor: *(schlägt sich vor die Stirn)* Ich ____________ (Beleidigung) !
Die werden ja erst im Jahr 2067 erfunden!

WORTVORRAT

#10

Adjektiv: ______________________

Nomen 1: (die) ______________________

Nomen 2 (Mehrzahl): ______________________

Kleidungsstück: (der) ______________________

Nachname: ______________________

Verb: ______________________

Lebewesen (Mehrzahl): ______________________

Nomen 3 (Mehrzahl): ______________________

Nomen 4 (Mehrzahl): ______________________

Material: (der o. das) ______________________

Nomen 5 (Mehrzahl): ______________________

elektr. Gerät (Mehrzahl): ______________________

Nomen 6: (die) ______________________

Nomen 7 (Mehrzahl): ______________________

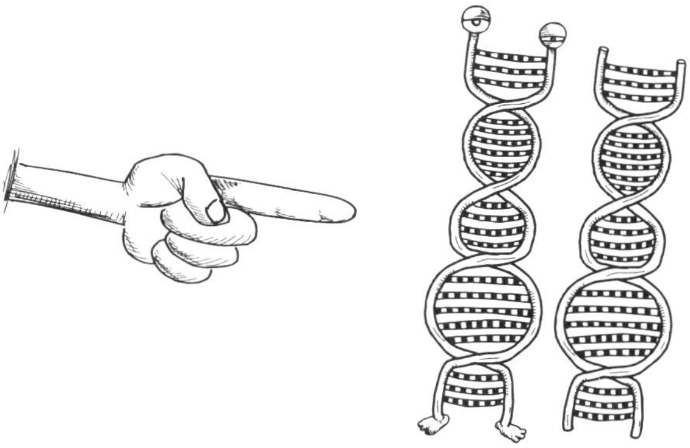

#10

DAS RICHTIGE HANDWERKSZEUG

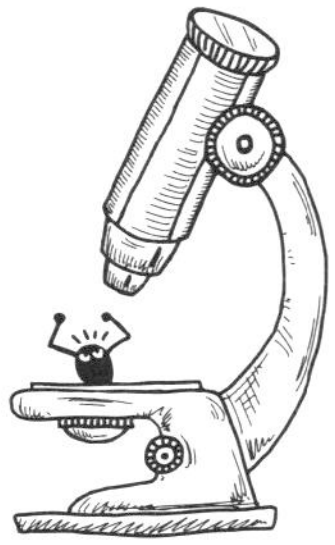

Ein Wissenschaftler mag noch so ____________________ (Adjektiv) sein – ohne die richtige ____________________ (Nomen 1) nützt ihm das herzlich wenig. Um tagtäglich verrückte ____________________ (Nomen 2) machen zu können, benötigt er besonderes Handwerkszeug:

1) einen langen weißen Labor-____________________ (Kleidungsstück), damit man ihn sofort erkennt;

2) einen ____________________ (Nachname)-Brenner, mit dem sich alle möglichen Dinge ____________________ (Verb) lassen;

3) Käfige für Versuchs-____________________ (Lebewesen), an denen man geheimnisvolle Tränke und ____________________ (Nomen 3) erproben kann;

4) Spritzen in allen Größen und Formen (spitze ____________________ (Nomen 4) aus glänzendem ____________________ (Material) sehen herrlich gruselig aus);

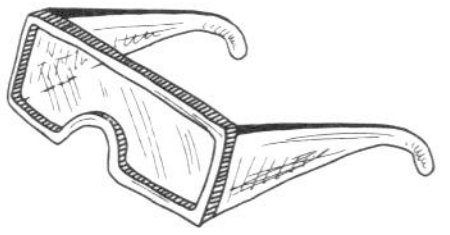

5) einen Generator, der genügend ____________________ (Nomen 5) für all die ____________________ (elektr. Gerät) und Apparate erzeugt – am besten eine lange ____________________ (Nomen 6) auf dem Dach installieren und während eines Gewitters damit ____________________ (Nomen 7) einfangen.

Hat man all das beisammen, steht einer erfolgreichen Karriere als verrückter Wissenschaftler nichts mehr im Wege.

POFF

WORTVORRAT

#11

männlicher Vorname: ____________________

Beruf: (der) ____________________

Stadt: ____________________

Nomen 1 (Mehrzahl): ____________________

Lebewesen: (der) ____________________

Nomen 2: (die) ____________________

etwas zum Trinken: (der) ____________________

Adjektiv 1: ____________________

Adjektiv 2: ____________________

Nomen 3: (das) ____________________

Nomen 4 (Mehrzahl): ____________________

Adjektiv 3: ____________________

Adjektiv 4: ____________________

#11

DR. JEKYLL & MR HYDE

Diese berühmte Geschichte, verfasst von einem schottischen Autor namens Robert __________ (männlicher Vorname) Stevenson, erzählt von einem angesehenen __________ (Beruf) namens Dr. Jekyll. Er lebt in __________ (Stadt), wo es eines Tages zu einer Reihe grausiger __________ (Nomen 1) kommt. Täter ist ein mysteriöser __________ (Lebewesen), der sich Mr Hyde nennt. Als man versucht, ihn zu finden und festzunehmen, stellt sich heraus, dass er und Dr. Jekyll in Wirklichkeit ein und dieselbe __________ (Nomen 2) sind! Denn kurz zuvor hat der __________ (Beruf, s. o.) einen __________ (etwas z. Trinken) erfunden, mit dem sich gute und böse Eigenschaften voneinander trennen lassen.

Schluckt er eine Dosis, verwandelt er sich in Mr Hyde – und handelt ganz und gar __________ (Adjektiv 1). Später, zurück in Dr. Jekylls Gestalt, ist er dann wieder __________ (Adjektiv 2) wie ein Schäfchen. Das Problem: Mit der Zeit beginnt Dr. Jekyll sich auch ohne den __________ (etwas z. Trinken, s. o.) in den grässlichen __________ (Lebewesen, s. o.) zu verwandeln. Schließlich sieht er keinen anderen Ausweg mehr, als seinem Leben ein __________ (Nomen 3) zu setzen.

Diese Geschichte macht deutlich, dass jeder Mensch zwei __________ (Nomen 4) hat, also im Innern seines Wesens halb __________ (Adjektiv 3) ist und halb __________ (Adjektiv 4).

WORTVORRAT

#12

Nomen 1: (der) ____________________

Schulfach: ____________________

Nomen 2 (Mehrzahl): ____________________

Verb 1: ____________________

elektr. Gerät (Mehrzahl): ____________________

Element: ____________________

Nomen 3: ____________________

Zeiteinheit (Mehrzahl): ____________________

Wochentag: ____________________

Verb 2: ____________________

Nomen 4 (Mehrzahl): ____________________

Verb 3: ____________________

Nomen 5: (die) ____________________

etwas Ekliges: ____________________

Zahl (größer 1): ____________________

Verb 4: ____________________

englisches Nomen: ____________________

VERRÜCKT!

#12

AUSHILFE GESUCHT!

(INSERAT AUS DER AKTUELLEN TAGESZEITUNG)

Gesucht: Laborgehilfe (männlich oder weiblich)

Anforderungen: Sie sollten über einen Hochschul-__________________ (Nomen 1) in __________________ (Schulfach) verfügen und selbstständig auch komplizierte __________________ (Nomen 2) __________________ (Verb 1) können. __________________ (elektr. Gerät) sollten Ihnen ebenso geläufig sein wie der Umgang mit __________________ (Element) und konzentrierten Säuren. Sie sollten mit wenig __________________ (Nomen 3) auskommen, bereit sein, Über-__________________ (Zeiteinheit) zu machen und auch am __________________ (Wochentag) zu arbeiten.

Aufgaben: __________________ (Verb 2) von Flüssigkeiten, Verkabeln elektrischer __________________ (Nomen 4), __________________ (Verb 3) brennender Einrichtungsgegenstände.

Bezahlung: auf Erfolgsbasis. Gelingt es uns, gemeinsam eine __________________ (Nomen 5) zu entwickeln, welche __________________ (etwas Ekliges) in Gold verwandeln kann, erhalten Sie nach Ende Ihrer Tätigkeit ______________ (Zahl) Euro. (Sollten wir dagegen __________________ (Verb 4), bekommen Sie nichts.)

Kontakt: Bitte melden Sie sich per Mail unter **stellengesuch@__________________ (engl. Nomen) .com.**

WORTVORRAT

#13

Zahl (größer 1): ____________________

Nachname: ____________________

männl. Kosename: ____________________

Geräusch: (das) ____________________

Beruf: (der) ____________________

Hunderasse: (der) ____________________

Verb: ____________________

Kopfbedeckung: (der) ____________________

Körperteil: (der) ____________________

elektr. Gerät 1 (Mehrzahl): ____________________

elektr. Gerät 2: (der) ____________________

Sinnesorgan (Mehrzahl): ____________________

Farbe: ____________________

Ausruf: ____________________

#13

DER BESTE FREUND DES MENSCHEN

Schon als Kind von höchstens ____________ (Zahl) Jahren hatte sich Professor ____________ (Nachname) nichts sehnlicher gewünscht, als den Familienhund ____________ (männl. Kosename) verstehen zu können. Zu gern hätte er gewusst, was das Tier ihm mit seinem ____________ (Geräusch) mitteilen wollte.

Jahre später, der Professor war mittlerweile ein berühmter ____________ (Beruf) geworden,

schaffte seine Frau einen ____________ (Hunderasse) an. „Wau, wau, wau!“, tönte es nun im Haus des Professors. Der wollte das Tier immer noch zu gern verstehen! Also machte er sich ans ____________ (Verb) …

Wenige Tage später war er fertig – der erste „Hunde-Übersetzungs-____________ (Kopfbedeckung)“ der Welt! Setzte man ihn auf den ____________ (Körperteil), fingen Dutzende empfindliche ____________ (elektr. Gerät 1) auf der Oberfläche das ____________ (Geräusch, s. o.) des Hundes ein und speisten es in einen leistungsstarken Mikro-____________ (elektr. Gerät 2). Dieser analysierte die Geräusche und leitete eine Übersetzung durch kleine Stöpsel direkt in die ____________ (Sinnesorgan) des Trägers.

Aufgeregt schritt Professor ____________ (Nachname, s. o.) zur Erprobung: Er setzte den ____________ (Kopfbedeckung, s. o.) auf und rief seinen Hund. „Gib Laut!“, befahl er.

„Wau, wau, wau!“, kläffte der Hund.

Der Professor wurde ganz ____________ (Farbe) vor Freude. Es funktionierte!

Aus den Stöpseln tönte: „____________ (Ausruf), ____________ (Ausruf, s. o.), ____________ (Ausruf, s. o.)!“

WORTVORRAT

#14

Fahrzeug (Mehrzahl): ____________________

Verb: ____________________

Flüssigkeit: ____________________

Längenmaß (Mehrzahl): ____________________

Nomen: (der o. das) ____________________

albernes Wort: ____________________

Zahl 1 (größer 1): ____________________

Zahl 2 (größer 1): ____________________

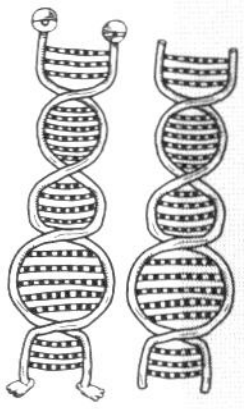

Obst: (die) ____________________

elektrisches Gerät: (der o. das) ____________________

Möbel: (der o. das) ____________________

Gebäude: (der) ____________________

Adjektiv: ____________________

Material: ____________________

etwas Ekliges: ____________________

Zahl 3 (größer 1): ____________________

Zahl 4 (1–100): ____________________

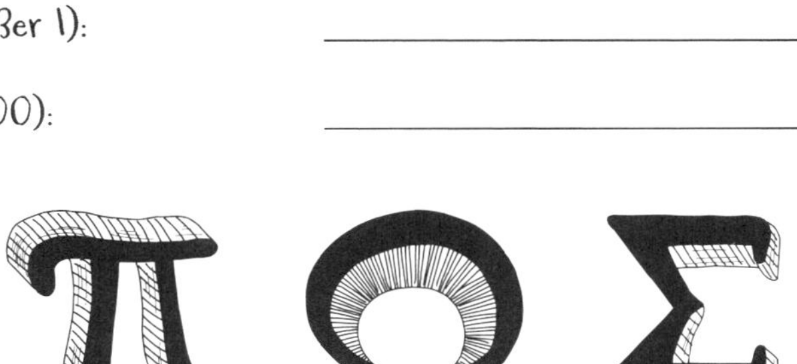

#14 FAHREN WIE IN DER ZUKUNFT!

(WERBEANZEIGE AUS EINEM MAGAZIN FÜR ________ (FAHRZEUG))

Sie ________ (Verb) noch auf altmodische Art? Tanken nach wie vor für teures Geld ________ (Flüssigkeit), um ein paar lumpige ________ (Längenmaß) zurückzulegen? Wir sagen: STOPP! Seien Sie kein ________ (Nomen)! Steigen Sie jetzt um – in den GTY9000!

Erfunden und konstruiert von dem weltberühmten Wissenschaftler Professor Doktor ________ (albernes Wort), ist der GTY9000 das Fortbewegungsmittel der Zukunft! Sein komplett neu entwickelter Atomantrieb verfügt über ________ (Zahl 1) PS und beschleunigt den GTY9000 von 0 auf 100 in nur ________ (Zahl 2) Sekunden. Dabei tankt er ausschließlich den günstigen und biologisch einwandfreien Saft der ________ (Obst). Ihr GTY9000 lässt sich mit dem ________ (elektr. Gerät) fernsteuern. Das bedeutet, Sie können ihn ganz bequem vom heimischen ________ (Möbel) aus in den ________ (Gebäude) zum Einkaufen schicken. Sein Sprach-Chip ist hoch ________ (Adjektiv) und erledigt alle Aufgaben zuverlässig, als wären Sie selbst vor Ort. Da der GTY9000 ausschließlich aus Naturmaterialien wie ________ (Material) oder ________ (etwas Ekliges) hergestellt wird, ist er unschlagbar günstig: Für nur ________ (Zahl 3) Euro gehört Ihnen ein Stück Zukunft! Und das Allerbeste: Nach Abschluss der letzten Tests explodieren nur noch ________ (Zahl 4) Prozent aller ausgelieferten GTY9000!

WORTVORRAT

#15

Nomen 1: (der) ______________________

Nachname 1: ______________________

etwas Ekliges: ______________________

Verb 1: ______________________

Lebewesen: (der) ______________________

Nomen 2 (Mehrzahl): ______________________

Gefäß (Mehrzahl): ______________________

Nachname 2: ______________________

Verb 2: ______________________

Zeiteinheit (Mehrzahl): ______________________

Ausruf: ______________________

Möbel: (der o. das) ______________________

Süßigkeit (Mehrzahl): ______________________

Nomen 3 (Mehrzahl): ______________________

Farbe: ______________________

#15

DER ____________ DER WEISEN
NOMEN 1

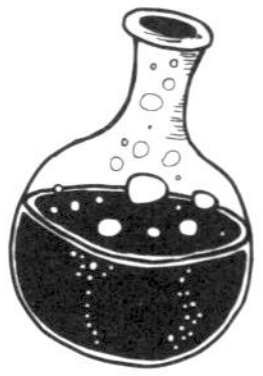

Professor ____________ brannte vor Neugier. In alten Büchern hatte er
Nachname 1

vom ____________ der Weisen gelesen, einem geheimnisvollen Objekt,
Gegenstand, s. o.

mit dem man aus ____________ Gold machen konnte. Der Professor beschloss
etwas Ekliges

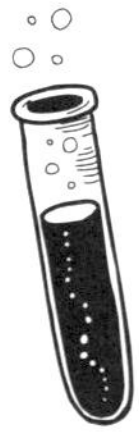

herauszufinden, ob sich so ein Ding tatsächlich ____________ ließ. Wenn es
Verb 1

klappte, wäre er ein reicher ____________ und all seine ____________ los!
Lebewesen — Nomen 2

Er spülte seine Reagenz-____________, füllte die Gasflasche
Gefäß

des ____________-Brenners auf und hängte ein Schild mit der Aufschrift
Nachname 2

„BITTE NICHT ____________!“ an die Tür des Labors. Dann legte er los.
Verb 2

Für die nächsten ____________ hörte und sah niemand etwas vom Professor.
Zeiteinheit

Endlich drang ein lautes „____________!“ aus seinem Labor.
Ausruf

Es war geschafft: Vor ihm auf dem ____________ lag ein ____________.
Möbel — Gegenstand, s. o.

Der Professor packte seine Erfindung zusammen mit etwas ____________
etwas Ekliges, s. o

in einen Topf und wartete. Als er nach einer Weile wieder hineinschaute, lag ein Haufen

____________ darin! Nicht schlecht, aber irgendwie nicht das Gewünschte.
Süßigkeit

Der Professor baute einen weiteren ____________. Dieser konnte schillernde
Gegenstand, s. o.

Seifen-____________ erzeugen. Das dritte Exemplar produzierte Flummibälle
Nomen 3

in strahlendem ____________. Die vierte Version schließlich konnte Gold in
Farbe

____________ verwandeln, aber nicht andersherum.
etwas Ekliges, s. o.

Da gab Professor ____________ genervt auf.
Nachname 1, s. o.

WORTVORRAT

#16

Land: ____________________

Beruf 1: (der) ____________________

Schulfach: ____________________

Fremdwort (Nomen): ____________________

Nomen 1 (Mehrzahl): ____________________

Nomen 2: (das) ____________________

Nomen 3: (die) ____________________

Verb: ____________________

Beruf 2 (Mehrzahl): ____________________

Nomen 4: (der o. das) ____________________

Nomen 5: (der) ____________________

Nomen 6: (der) ____________________

#16 BERÜHMTE ERFINDER & WISSENSCHAFTLER: GALILEO GALILEI

Im 16. und 17. Jahrhundert lebte in ______________ (Land) ein Mann namens Galileo Galilei. Er war ______________ (Beruf 1) für ______________ (Schulfach) an einer Universität. Darüber hinaus interessierte er sich sehr für ______________ (Fremdwort), die Lehre von den Positionen der ______________ (Nomen 1) am Himmel. Um sie zu beobachten, erfand Galileo ein ______________ (Nomen 2), mit dem man das Weltall erkunden konnte. Seine Forschungen sorgten jedoch bald für Aufregung. Galileo entdeckte nämlich, dass sich gar nicht alle ______________ (Nomen 1, s. o.) um unsere Erde drehen, wie man bisher gedacht hatte, sondern diese sich vielmehr um die ______________ (Nomen 3) dreht. Das konnten und wollten viele Menschen nicht ______________ (Verb). Besonders ______________ (Beruf 2) und andere Vertreter der Kirche protestierten lautstark. Es kam zu einem Gerichts-______________ (Nomen 4) gegen Galileo. Damit er nicht auf den Scheiterhaufen musste, erklärte der Professor daraufhin öffentlich, dass er sich getäuscht habe und der ______________ (Nomen 5), auf dem wir leben, der Mittelpunkt des Universums sei. Als Strafe für seine vorherigen Behauptungen brummte man ihm lebenslangen Haus-______________ (Nomen 6) auf. Und alles nur, weil er ein bisschen neugieriger als seine Mitmenschen gewesen war!

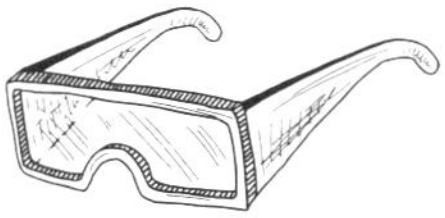

WORTVORRAT

#17

erfundenes Wort 1: ____________________

Nomen 1: (der o. das) ____________________

erfundenes Wort 2: ____________________

Nomen 2 (Mehrzahl): ____________________

Verb: ____________________

Adjektiv 1: ____________________

Nomen 3: (der o. das) ____________________

Material: ____________________

Adjektiv 2: ____________________

Nomen 4 (Mehrzahl): ____________________

Nomen 5 (Mehrzahl): ____________________

Flüssigkeit: ____________________

Element: ____________________

Nomen 6: (der) ____________________

Nachname eines Lehrers: ____________________

Schulfach: ____________________

#17

EINE ETWAS ANDERE FORSCHUNGSREISE

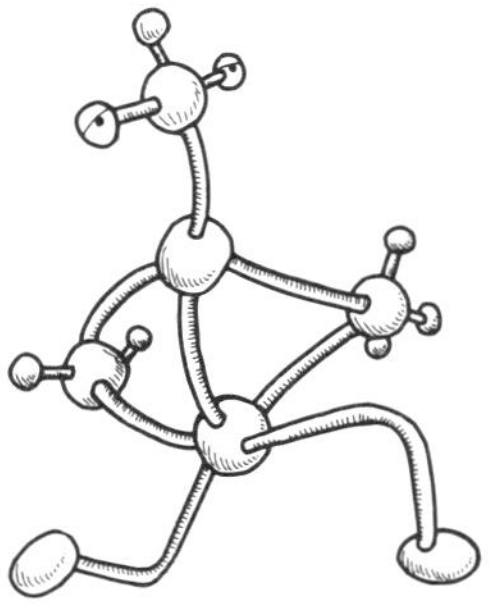

Alien 1: Diese Forschungsreise zur Erde war eine tolle Idee, Professor

____________________ !
erfundenes Wort 1

Alien 2: Danke, Herr Kollege. Unser Besuch auf diesem ____________________
Nomen 1

wird den Wissenschaftlern daheim auf ____________________-B17 unzählige
erfundenes Wort 2

lehrreiche ____________________ verschaffen. Lassen Sie uns nun Proben der hiesigen
Nomen 2

Tier- und Pflanzenwelt ____________________ !
Verb

Alien 1: Da kommt schon etwas angehoppelt. Ihhh, ist das aber ____________________ !
Adjektiv 1

Alien 2: Schnell, Herr Kollege! Fangen Sie es mit dem elektro-

magnetischen ____________________ ein und stecken Sie es in einen
Nomen 3

unserer unzerstörbaren Behälter aus ____________________ !
Material

Alien 1: Schon geschehen.

Alien 2: Hmm. Besonders ____________________ ist das Geschöpf ja wirklich nicht.
Adjektiv 2

Na, egal. Auf ____________________-B17 werden die Wissenschaftler viele interessante
erfundenes Wort 2, s. o.

____________________ mit ihm durchführen. Wie es auf ____________________ reagiert,
Nomen 4 — Nomen 5

beispielsweise, oder was geschieht, wenn man es in ____________________ taucht.
Flüssigkeit

Auch seine Widerstandsfähigkeit gegen ____________________ und elektrischen
Element

____________________ werden sie testen …
Nomen 6

Herr ____________________ **:** Aber … ich kann nicht mit Ihnen kommen!
Nachname eines Lehrers

Ich muss morgen früh wieder ____________________-Unterricht geben!
Schulfach

WORTVORRAT

#18

Haustier:	(der)	____________
Nachname:		____________
Beruf:	(der)	____________
Verb 1:		____________
Nomen 1:	(der o. das)	____________
Körperteil:	(das)	____________
Nomen 2 (Mehrzahl):		____________
etwas Essbares:		____________
Adjektiv:		____________
Nomen 3:	(der)	____________
Nomen 4:	(die)	____________
Verb 2:	(er/sie/es)	____________
Tier 1:	(der o. das)	____________
Stadt:		____________
Gebäude 1:	(der o. das)	____________
Fahrzeug (Mehrzahl):		____________
Gebäude 2 (Mehrzahl):		____________
Tier 2:		____________

hahaha

#18

MOPPELS GROßER TAG

Moppel ist ein niedlicher kleiner ____________ (Haustier) und wohnt im Labor von Professor ____________ (Nachname), dem berühmt-berüchtigten ____________ (Beruf).

Der Professor ist wie so oft fleißig, sodass er ganz vergisst, Moppel zu ____________ (Verb 1).

Um sich bemerkbar zu machen, rennt Moppel wild im Lauf-____________ (Nomen 1) seines Käfigs herum. Der Professor presst gerade ein ____________ (Körperteil) an ein Mikroskop, mit dem er winzige ____________ (Nomen 2) untersucht. Ohne aufzusehen öffnet er den Käfig und kippt etwas ____________ (etwas Essbares) hinein.

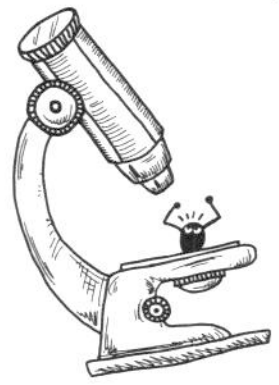

Weil er so ____________ (Adjektiv) ist, vergisst er, den Käfig wieder zu schließen.

Moppel entwischt ins Freie. Im Labor durchquert er, ohne es zu merken, einen hellen Licht-____________ (Nomen 3). Das Licht kommt aus einer geheimnisvollen ____________ (Nomen 4), die der Professor gebaut hat. Urplötzlich ____________ (Verb 2) das Tier – so schnell, dass man dabei zuschauen kann! Als Moppel groß ist wie ein ____________ (Tier 1), springt er durch ein Fenster, um die Innenstadt von ____________ (Stadt) zu erkunden. Und er ____________ (Verb 2, s. o.) immer weiter!

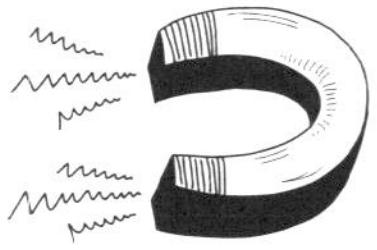

Bald ist er so riesig wie ein ____________ (Gebäude 1) und beginnt, ____________ (Fahrzeug) und ____________ (Gebäude 2) anzuknabbern. Feuerwehr und Polizei können nichts tun – Moppel ist einfach zu groß. Erst Professor ____________ (Nachname, s. o.) kann seinen Mitbewohner mit der ____________ (Nomen 4, s. o.) wieder verkleinern.

Gerade noch mal ____________ (Tier 2) gehabt!

WORTVORRAT

#19

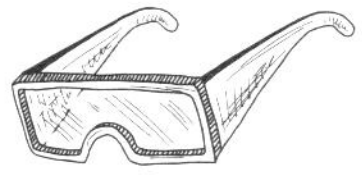

Nomen 1 (Mehrzahl): ______________________

Raum eines Hauses 1: (der o. das) ______________________

Beruf: (der) ______________________

Kleidungsstück 1: (der) ______________________

Material: ______________________

Körperteil 1 (Mehrzahl): ______________________

Kleidungsstück 2 (Mehrzahl): ______________________

Flüssigkeit: (die) ______________________

Körperteil 2 (Mehrzahl): ______________________

Nomen 2: (die) ______________________

Nomen 3 (Mehrzahl): ______________________

Nomen 4 (Mehrzahl): ______________________

Raum eines Hauses 2: (die) ______________________

Adjektiv: ______________________

etwas Ekliges: ______________________

Element: ______________________

Nomen 5: (das) ______________________

Verb: ______________________

Gerät im Labor: (der o. das) ______________________

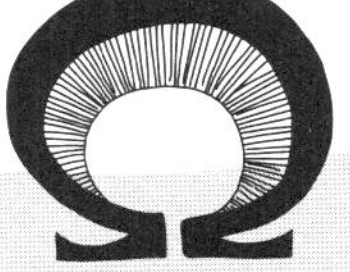

#19

SICHERHEIT AM ARBEITSPLATZ

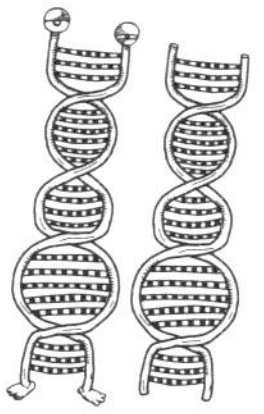

Angesichts all der __________________ , die täglich in einem __________________________
Nomen 1 — Raum eines Hauses 1

passieren können, ist ganz klar: Sicherheit geht vor! Hier eine Liste von Dingen,

auf die jeder noch so verrückte __________________ achten sollte:
Beruf

1) Kleidung: Trage stets einen _______________-______________________ aus
Raum 1, s. o. — Kleidungsstück 1

____________________ . Deine ______________________ sollten durch feste
Material — Körperteil 1

______________________ geschützt werden (für den Fall, dass ätzende
Kleidungsstück 2

_____________________ aus einem Reagenzglas spritzt). Und auf deine
Flüssigkeit

___________________ gehört eine Schutz-__________________ .
Körperteil 2 — Nomen 2

2) Abfall: Giftige _____________________ keinesfalls in den Hausmüll werfen! Sie
Nomen 3

müssen in spezielle ___________________ abgefüllt und professionell entsorgt werden.
Nomen 4

3) Hygiene: Wie in der _________________________ gilt auch hier: Halte alles
Raum eines Hauses 2

schön ____________________ ! Der nächste verrückte ______________________
Adjektiv — Beruf, s. o.

nach dir möchte nicht in eine stinkende Pfütze aus ____________________ treten.
etwas Ekliges

4) Brandschutz: ____________________ im _________________________ –
Element — Raum eines Hauses 1, s. o.

eine Horrorvorstellung! Präge dir daher immer gut ein, wo sich der nächste

____________________-Löscher befindet.
Element, s. o.

5) Achtsamkeit: Niemals ein laufendes _____________________ ohne Aufsicht
Nomen 5

lassen! Selbst wenn du noch so dringend _____________________ musst, dreh vorher
Verb

immer die Flamme am ____________________ herunter.
Gerät im Labor

WORTVORRAT

#20

Nomen 1: (das) ____________________

Nomen 2: (das) ____________________

Beruf: (der) ____________________

Land: ____________________

Zahl (größer 1): ____________________

männl. Vorname 1: ____________________

Lebewesen: (der) ____________________

männl. Vorname 2: ____________________

Ort: (der o. das) ____________________

Nomen 3 (Mehrzahl): ____________________

Nomen 4: (der o. das) ____________________

Wettererscheinung: (der o. das) ____________________

Nomen 5: (der) ____________________

Verb 1: (er/sie/es) ____________________

Adjektiv: ____________________

Nomen 6: (das) ____________________

Gebäude: ____________________

Verb 2: ____________________

#20 FRANKENSTEINS __________
NOMEN 1

Das vielleicht bekannteste __________ über einen verrückten __________
Nomen 2 Beruf
heißt „Frankenstein". Geschrieben hat es eine Autorin aus __________ namens
Land
Mary Shelley. Die Geschichte ist bereits __________ Jahre alt und wurde viele
Zahl
Male verfilmt, meist mit folgender Handlung:

__________ Frankenstein ist besessen von der Idee, einen künstlichen
männl. Vorname 1
__________ zu erschaffen. Nachts schickt er seinen Assistenten
Lebewesen
__________ los, um ihm vom __________ Teile toter
männl. Vorname 2 Ort
__________ zu besorgen. Diese näht er zu einem riesigen __________
Nomen 3 Nomen 4
zusammen. Beim nächsten __________ fängt er einen __________
Wettererscheinung Nomen 5
ein und leitet die Elektrizität in den künstlichen __________ .
Lebewesen, s. o.

Das Experiment gelingt – das Geschöpf __________ ! Leider stellt sich heraus,
Verb 1
dass es total __________ ist. Es büchst aus und ermordet ein kleines
Adjektiv
__________ . Daraufhin fackeln die rachsüchtigen Dorfbewohner Franken-
Nomen 6
steins __________ ab, wobei der __________ ums Leben kommt.
Gebäude Beruf, s. o.
Das __________ allerdings kann unbemerkt __________ …
Nomen 1, s. o. Verb 2
Ganz schön gruselig, wie?

WORTVORRAT

#21

Bezeichnung einer Klasse: ______________________

Nachname: ______________________

Beruf: (der) ______________________

Lebewesen (Mehrzahl): ______________________

Verb 1: ______________________

Nomen 1: (das) ______________________

Flüssigkeit: (die) ______________________

Süßigkeit (Mehrzahl): ______________________

Tier: (die) ______________________

Nomen 2: (der) ______________________

Nomen 3: (die) ______________________

Nomen 4 (Mehrzahl): ______________________

Element: ______________________

Verb 2: ______________________

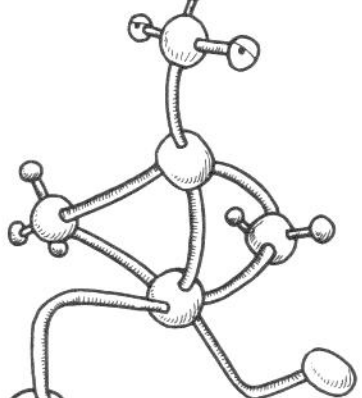

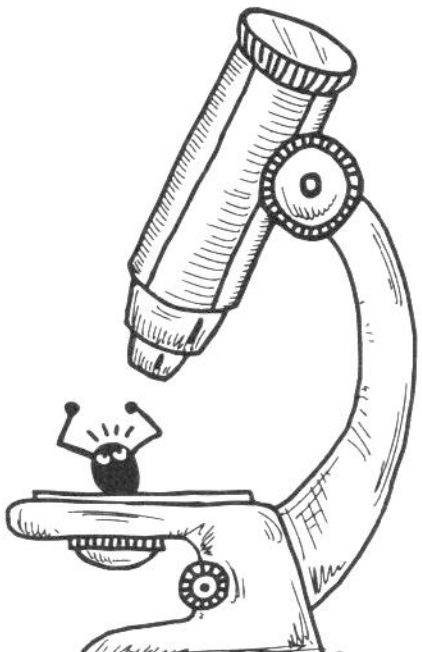

#21

SCHULAUSFLUG INS LABOR

Lehrerin: So, liebe __________________ ! Wie versprochen
Bezeichnung einer Klasse

befinden wir uns nun im Labor von Professor __________________ ,
Nachname

dem weltberühmten __________________ und Erfinder.
Beruf

Professor: Willkommen, liebe __________________ . Während ich euch herumführe,
Lebewesen

gilt: Nichts, aber auch gar nichts __________________ !
Verb 1

Schüler 1: Upps! Ich hab ein __________________ umgestoßen.
Nomen 1

(auslaufende __________________ *frisst sich zischend durch die Tischplatte)*
Flüssigkeit

Professor: Nicht schlimm. Aber bitte gebt jetzt acht, sonst …

Schülerin 1: Boaah! Sind das __________________ in der Schale? Darf ich?
Süßigkeit

Professor: Auf *gar* keinen …

(Schülerin kaut, schluckt und verwandelt sich in eine __________________ *)*
Tier

Professor: Könnt ihr nicht hören? Ihr sollt nichts __________________ !
Verb 1, s. o.

Schüler 2: Was ist das für ein roter __________________ ? Kann ich mal draufdrücken?
Nomen 2

Professor: Neeeiiin!!!

(eine __________________ *erschüttert das Labor,* __________________ *gehen in*
Nomen 3 / Nomen 4

Flammen auf, __________________ *breitet sich aus)*
Element

Lehrerin: Ähh, ich glaube, wir sollten jetzt besser __________________ , Kinder!
Verb 2

WORTVORRAT

#22

Nomen 1: (das) ______________________

Nomen 2: (der o. das) ______________________

Nomen 3 (Mehrzahl): ______________________

Verb 1: ______________________

Fahrzeug: ______________________

Nomen 4: (der) ______________________

Gebäude: (die) ______________________

Stadt: ______________________

weibl. Vorname: ______________________

albernes Wort: ______________________

Nomen 5: (der o. das) ______________________

Land: ______________________

Nomen 6 (Mehrzahl): ______________________

Haustier: (der o. das) ______________________

Organ: (das) ______________________

Körperteil 1: ______________________

Körperteil 2 (Mehrzahl): ______________________

Verb 2: ______________________

#22

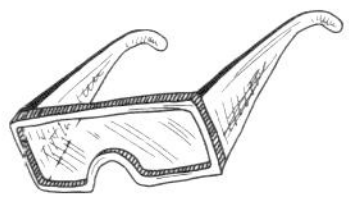

EINE GROẞARTIGE ERFINDUNG

Stell dir vor, jemand hätte einen Teleporter erfunden – ein technisches ____________________ (Nomen 1), mit dem du dich innerhalb eines Sekundenbruchteils von einem ____________________ (Nomen 2) zum anderen transportieren kannst! Der Apparat würde deinen Körper in reine ____________________ (Nomen 3) auflösen und blitzschnell über eine beliebige Entfernung hinweg ____________________ (Verb 1).

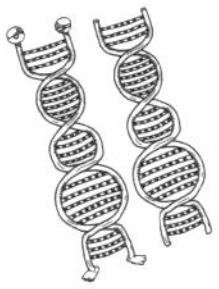

Was würde das für den Alltag bedeuten?

Nie wieder Schul-____________________ (Fahrzeug) fahren! Du steigst morgens in deinen Teleporter, drückst einen ____________________ (Nomen 4) und – *schwupps:* Du bist in der ____________________ (Gebäude). Langweilige Autofahrten nach ____________________ (Stadt), zum Geburtstag von Tante ____________________ (weibl. Vorname)? Vorbei! Du bist schneller dort, als du „____________________ (albernes Wort)" sagen kannst. Stundenlanges Stehen im Autobahn-____________________ (Nomen 5), wenn es im Sommer nach ____________________ (Land) geht? Das war einmal.

Doch Vorsicht! So praktisch diese Erfindung wirken mag, sie birgt auch ____________________ (Nomen 6). Was geschieht zum Beispiel, wenn du nicht *allein* in den Teleporter steigst, sondern mit deinem ____________________ (Haustier) Mr Bunny? Wird euch das Elektronen-____________________ (Organ) des Teleporters am Ziel wieder richtig zusammensetzen? Oder sitzt Mr Bunnys ____________________ (Körperteil 1) dann plötzlich auf deinen Schultern, und er hat dafür menschliche ____________________ (Körperteil 2)? Eine gruselige Vorstellung! Vielleicht ist es besser, dass bis heute noch niemand einen Teleporter ____________________ (Verb 2) konnte …

WORTVORRAT

#23

Lebewesen (Mehrzahl):	______________________
Zahl (größer 1):	______________________
Adjektiv 1:	______________________
Gruselgestalt (Mehrzahl):	______________________
Organ:	(das) __________________
Körperteil:	(der) __________________
albernes Wort:	______________________
Nomen:	(der o. das) ______________
Verb:	______________________
Haustier 1:	(der) __________________
Beruf 1:	(der) __________________
Haustier 2:	(die) __________________
Beruf 2:	(die) __________________
Stadt:	______________________
Adjektiv 2:	______________________

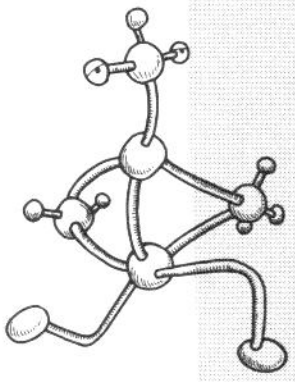

#23

MANCHMAL KOMMEN SIE WIEDER

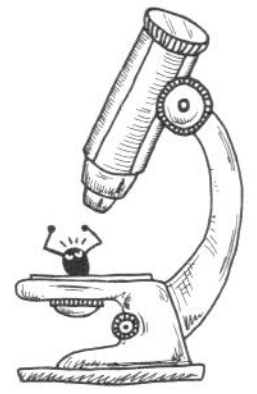

Interviewer: Herr Professor, Sie haben uns zu sich gerufen, weil Sie behaupten, Sie hätten eine Methode entwickelt, ____________________ (Lebewesen) wieder zum Leben zu erwecken. Stimmt das?

Professor: Jawohl. Seit ________________ (Zahl) Jahren forsche ich bereits an diesem Problem. Jetzt hatte ich endlich Erfolg!

Interviewer: Phänomenal. Wie funktioniert es? Bekommen die ____________________ (Lebewesen, s. o.) ein Mittel gespritzt und stehen einfach auf?

Professor: Anfangs versuchte ich es so. Aber die Methode war noch nicht recht ____________________ (Adjektiv 1). Die Wiederbelebten waren ____________________ (Gruselgestalt) ohne Sinn und Verstand und wollten mein ________________ (Organ) fressen. Ich musste mir etwas anderes einfallen lassen. Bei der neuen Methode wird der ____________________ (Körperteil) des Versuchsobjekts mit ____________________ (albernes Wort)-Wellen bestrahlt. Sein ____________________ (Nomen) wird dadurch in ein beliebiges Objekt im Raum versetzt, wo er fortan ________________ (Verb) kann.

Interviewer: Ich sehe hier viele Haustiere. Dieser ____________________ (Haustier 1) dort …

Professor: *(stolz)* … war in seinem früheren Leben ein ________________ (Beruf 1)!

Interviewer: Und die ____________________ (Haustier 2) da?

Professor: Eine ________________ (Beruf 2) aus ________________ (Stadt).

Interviewer: Und … die bleiben jetzt für immer so?

Professor: Aber ja! Ist doch besser, als ____________________ (Adjektiv 2) zu sein, oder?

WORTVORRAT

#24

Land 1: ______________________

Nomen 1 (Mehrzahl): ______________________

Nomen 2: (das) ______________________

Land 2: ______________________

Adjektiv 1: ______________________

Fortbewegungsmittel (Mehrzahl): ______________________

Lebewesen (Mehrzahl): ______________________

Planet: (der) ______________________

Ausruf: ______________________

Nomen 3 (Mehrzahl): ______________________

Nomen 4 (Mehrzahl): ______________________

Verb: ______________________

Nachname: ______________________

Fahrzeug (Mehrzahl): ______________________

Flüssigkeit: ______________________

Adjektiv 2: ______________________

#24 BERÜHMTE ERFINDER & WISSENSCHAFTLER: ELON MUSK

Seine Kindheit verbrachte Elon Musk im fernen ________________ (Land 1). Er las am liebsten Bücher über Raumschiffe und ________________ (Nomen 1). Mit zwölf Jahren programmierte er sein erstes Computer-________________ (Nomen 2). Als er älter wurde, ging er nach ________________ (Land 2) und erfand dort *PayPal* – einen Weg, Waren einfach und ________________ (Adjektiv 1) über das Internet zu bezahlen.

Als Nächstes gründete er eine Firma, die ________________ (Fortbewegungsmittel) baut. Damit will er in den kommenden Jahren zum ersten Mal ________________ (Lebewesen) auf den ________________ (Planet) schicken. ________________ (Ausruf)!

Elon hat Dachziegel erfunden, die die ________________ (Nomen 3) der Sonne in Strom umwandeln. Er entwickelte Maschinen, die riesige ________________ (Nomen 4) unter der Erde graben. Durch diese sollen später ________________ (Lebewesen, s. o.) mit hohem Tempo ________________ (Verb) können.

Am bekanntesten ist Elon aber mit ________________ (Nachname) geworden, seiner Firma für Elektro-________________ (Fahrzeug). Diese Fahrzeuge fahren nicht mehr mit ________________ (Flüssigkeit), sondern mit Strom. Ein Exemplar dieser ________________ (Fahrzeug, s. o.) hat er neulich ins Weltall geschossen – nur so aus Spaß. Wie ________________ (Adjektiv 2) ist das denn, bitte?

Heute zählt Elon zu den reichsten ________________ (Lebewesen, s. o.) der Welt. Nicht schlecht für einen Jungen, der Raumschiffe und ________________ (Nomen 1, s. o.) liebte, oder?

WORTVORRAT

#25

Nachname: ____________________

Schulfach: ____________________

Nomen (Mehrzahl): ____________________

Element: ____________________

Vorname e. Mitschülers 1: ____________________

Flüssigkeit: (die) ____________________

Verb 1: ____________________

Vorname e. Mitschülerin: ____________________

Beruf: (der) ____________________

Tier: (der) ____________________

Verb 2: ____________________

Vorname e. Mitschülers 2: ____________________

Körperteil: (der) ____________________

Haustier 1: (der o. das) ____________________

Haustier 2: (der) ____________________

Farbe: ____________________

Adjektiv: ____________________

Schulnote: ____________________

etwas Niedliches (Mehrzahl): ____________________

#25

JUGEND FORSCHT

Als Herr ______________ (Nachname), unser ______________ (Schulfach)-Lehrer, uns vorschlug, im Rahmen eines Schulprojekts verrückte ______________ (Nomen) zu entwickeln, waren wir sofort ______________ (Element) und Flamme.

Wenig später war es so weit: Die ______________ (Nomen, s. o.) waren fertig und sollten benotet werden. Zuerst begutachtete unser Lehrer das Projekt von ______________ (Vorname eines Mitschülers 1). Der hatte eine explosive ______________ (Flüssigkeit) erfunden, mit der man Gebäude ______________ (Verb 1) konnte. Fassungslos sah Herr ______________ (Nachname, s. o.) zu, wie ______________ (Vorname eines Mitschülers 1, s. o.) sie an der Turnhalle ausprobierte.

______________ (Vorname einer Mitschülerin) hatte eine Pille entwickelt, mit der sie den ______________ (Beruf) der Schule in einen riesigen ______________ (Tier) verwandelt hatte.

Herr ______________ (Nachname, s. o.) musste hörbar ______________ (Verb 2), bevor er weiterging.

______________ (Vorname eines Mitschülers 2) schließlich hatte erfolgreich den ______________ (Körperteil) von seinem ______________ (Haustier 1) auf seinen ______________ (Haustier 2) verpflanzt und umgekehrt.

Jetzt war Herr ______________ (Nachname, s. o.) ganz ______________ (Farbe) im Gesicht. Stotternd verkündete er, wir seien sehr ______________ (Adjektiv) gewesen und bekämen alle eine ______________ (Schulnote).

Das Thema unseres nächsten Schulprojekts lautet übrigens: „Rosa ______________ (etwas Niedliches) malen."

Das war's?

Schon alle Wortvorratslisten ausgefüllt,
aber du willst den Spaß mit anderen,
noch verrückteren Wörtern wiederholen?

WWW.VERRUECKTE-LUECKEN.DE

Hier findest du alle Wortvorratslisten.
Einfach auf Download, ausdrucken und
es heißt von Neuem:

AUSFÜLLEN – VORLESEN – ABLACHEN

VERRÜCKTE LÜCKEN

AUSFÜLLEN – VORLESEN – ABLACHEN

VERRÜCKTE LÜCKEN ist ein durchgedrehtes, ganz und gar unsinniges Textspiel, das man allein oder zusammen mit Freunden spielen kann.

DU BRAUCHST NOCH MEHR ABGEDREHTE GESCHICHTEN?

KEIN PROBLEM!

ISBN: 978-3-7432-0152-1

ISBN: 978-3-7432-0153-8

ISBN: 978-3-7432-0154-5

ISBN: 978-3-7432-0155-2

ISBN: 978-3-7432-0157-6

ISBN: 978-3-7432-0158-3

ISBN: 978-3-7432-0159-0

Loewe

Das will ich lesen!

FSC
www.fsc.org
MIX
Papier aus verantwortungsvollen Quellen
FSC® C109273

ISBN 978-3-7432-0526-0
1. Auflage 2019

Texte von Jens Schumacher
Lektorat: Steffi Korda Büro für Kinder- & Erwachsenenliteratur, Hamburg
Umschlag- und Innenillustrationen: Michael Ludwig Dietrich
Umschlagfoto: © Kiselev Andrey Valerevich/shutterstock.com
Umschlaggestaltung: Michael Ludwig Dietrich
Printed in the EU

WWW.LOEWE-VERLAG.DE